AF499154

Changement de Domicile le 15 Janvier 1813

Se propose

dans les Maisons

LEÇONS D'ECRITURE

PAUL

BERTHOLLET

Turin

Il a aussi un

Professeur

pour enseigner

L'ARITHMETIQUE

Demeure maintenant Maison dite de l'Economat au bout des arcades de la Foire, porte N°. 11, grand escalier, au fond de la cour, au dessus du Traiteur de la paix, au 3.me étage. La belle position et la clarté de ce nouveau local, sont les motifs qui l'ont engagé à quitter celui qu'il tenait dans la Cour de l'Hôtel de la Bonne femme.

Cours Complet
d'Écritures
Batarde, Ronde, et Coulée
Par PAUL BERTHOLLET
Professeur d'Écriture, à PARIS
P.B
Gravé par Lacoste
A PARIS
AT

llluitlrnhmy

Bâtarde

kcqageybp

x s o s f f i d b

Paul [illegible] [illegible]

Alexandre

Bonaparte

Plume de P. Berthollet.

Charlemagne

Diodumenes

Lacoste sculp.

Eliogabale

Ferdinand

Galbaservius

Hongvou

Jules César

Kinnatellus

Lacoste Sculp.

Louis seize et Mustapha

Paul Bathellet scrip.

Lacoste sculp.

Numerientes

Olybrius bon

Valentinien

U X Y Z

Berthellet

Augustule Beranger

Constantin Desiderio

Emanuel Findokus

Guillaume Haistulfe

Justinien Kinatellus &

Leopoldus Mieuslas

Napoleon Ordugno

Pharamont Quirino

Rodrigue Soliman

P. Berthollet Sc.

T U V X Y Z &

Encourager les Arts, les

enrichit et les fait fleurir

P. Bertholet Scrip.

Lacoste scul.

Dans toutes les Professions

Chacun affecte une mine et un exterieur

pour paroître ce qu'il veut qu'on le croie.

Ainsi on peut dire que le monde est en

général composé que de mines. La sim=

plicité affectée est une imposture délicate.

Paul Bethollet, Scrip.t

Laposte Sculp.t

Sire

Verbale Capitaine au 54.me Régiment de Hussards, supplie très humblement Votre Majesté qu'en considération des recommandables et pénibles services qu'il a rendus pendant 17 Années et rend encore maintenant, il Lui plaise de lui faire don de la Succession de feu Bernard Caligula de Dourlac ci-devant Lieutenant Général dans le Corps des Gardes d'Honneur.

Renvoyé au Commis principal à la Recette des Entrées de la Célèbre Ville de Carvette en Piémont pour communiquer à M.r Verbale les renseignements nécessaires pour son emploi.

P. Berthelot Scrip.t — Lecoste Sculp.t

ff sff ffff sff llh hk y ff p p p p z k

m n r r z, c o a d g d g b e u v v x r z

Commissionnaire, Sage. C

provisoirement fixé, etc

P. B. Sculp.

Vigilamment gravité

énumération exclamerez

affaires bien disposées

vivement et durement

Berthollet Lacoste

Le talent de peindre les
Ecritures provient des
dispositions naturelles et
de la flexibilité des doigts.

Beaucoup de personnes

Ont de la répugnance à copier d'après les Modèles gravés,
parceque disent elles le burin communique de sa dureté à l'écriture.
Oui dans une mauvaise gravure, mais dans celle qui provient
d'un habile Artiste qui exprime par la légèreté de son Burin
les vrais effets de la plume, il n'y a plus aucun inconvénient,
puisque cela ne diffère plus de l'original, mais il vaudroit mieux
copier sur un calque pris avec soin sur le Modèle, que sur ces
pièces grossièrement gravées.

Paul Wattellet scripsit

Lacoste sculp.

Regles sur la Taille de la Plume

On Débutera par couper le bout de la Plume du Côté du dos, ensuite on y Commencera la fente avec le tranchant du Canif et on la continuera avec son poinçon, pour que la fente ne se prolonge pas trop en haut, on serrera la plume entre le pouce et l'index de la main gauche. La fente étant finie, on fait une longue ouverture sur le ventre de la plume en observant que la fente se trouve au milieu du dos, ensuite les deux Carnes, la premiere est celle du pouce qui Commence à l'extremité de la fente et se prolonge jusqu'au bout en s'approchant a la meme fente et ainsi de l'autre carne du côté opposé. Pour donner la derniere coupe on y introduit une autre plume, on amincit un peu la pointe a la droite et on la tranche obliquement, de maniere que l'angle du Côté du pouce qui doit être plus large, soit aussi un peu plus long. (Attention)

Pour bien Écrire
On doit se pénétrer de cette
grande vérité, qu'il faut que le goût
dirige la main. Sans ce principe de toute perfection l'insouciance s'empare de
l'âme et la rend inhabile à profiter des meilleures leçons. Si vous désirez
atteindre ce but et pour y parvenir cherchez à bien imiter votre Modèle
suivant les règles de l'Art c'est à dire dans la régularité. Amen.

P.re Barthellet Lacoste

Position du Corps Tenue de la Plume

Le Corps doit être droit sur la chaise s'approcher de la Table
sans s'appuyer et la partie droite s'en éloigner de quatre doigts les
Épaules à la même hauteur. Le bras gauche doit poser sur la table
et soutenir le Corps; la main gauche tiendra le papier. Le bras droit
s'appuyera aussi à la table, mais le coude restera en dehors. Les
Doigts annulaire & auriculaire doivent s'éloigner un peu des autres,
poser sur le papier et soutenir le poignet qui ne doit y toucher. Le pouce
tiendra la Plume entre la dernière jointure de l'index et l'extrémité du doigt
long. La distance entre les trois premiers doigts et les deux derniers
est en proportion de la hauteur de l'écriture. Elle doit être telle qu'on
puisse aisément Commencer la lettre f sans mouvoir les deux derniers
doigts et que pour la terminer le doigt du milieu en descendant ne touche
l'annulaire.

Paul Berthollet scrip. — E. W. Lacoste Gr.

Il ne faut pas même communiquer indif=
féremment son secret à tous ses amis : il en est
peu qui soyent dignes de garder ce précieux
dépôt. Si j'entreprends de grandes choses je
ne me confierai qu'au petit nombre l'imprud=
=ence d'un moment pourroit me causer un
long repentir.

Écrit par Paul Bertholet Lacoste a gravé

ff ſſ kk ll pp yy ss uu nn rr zz qq gg dd bb

Aveuglement Brigandage Cupidité

Douleur Erreur Grimasse Hypocrisie

Ignorance Jalousie Larme Misère Noir

Orgueil Paresse Querelle Ridicule Sug

Tyrannie Usage Vanité Xantippe

Yvresse Zizanie

Paul Bethellet Scrip.

A. C. Lacoste Sculp.

dedions nous a la vertu

fuyons l'infame oisiveté

jouissez en travaillant

Paul Berthollet scrip.

Lacoste sculp.

Pescennius sage

Quinte Curce bon

Paul Bertholet

Lacoste

Rotharis digne

Soliman perfide

L'honneur est notre vrai trésor ;

méritons le avec nos actions

aussi bien que par nos œuvres

L. Berthellet
scripsit

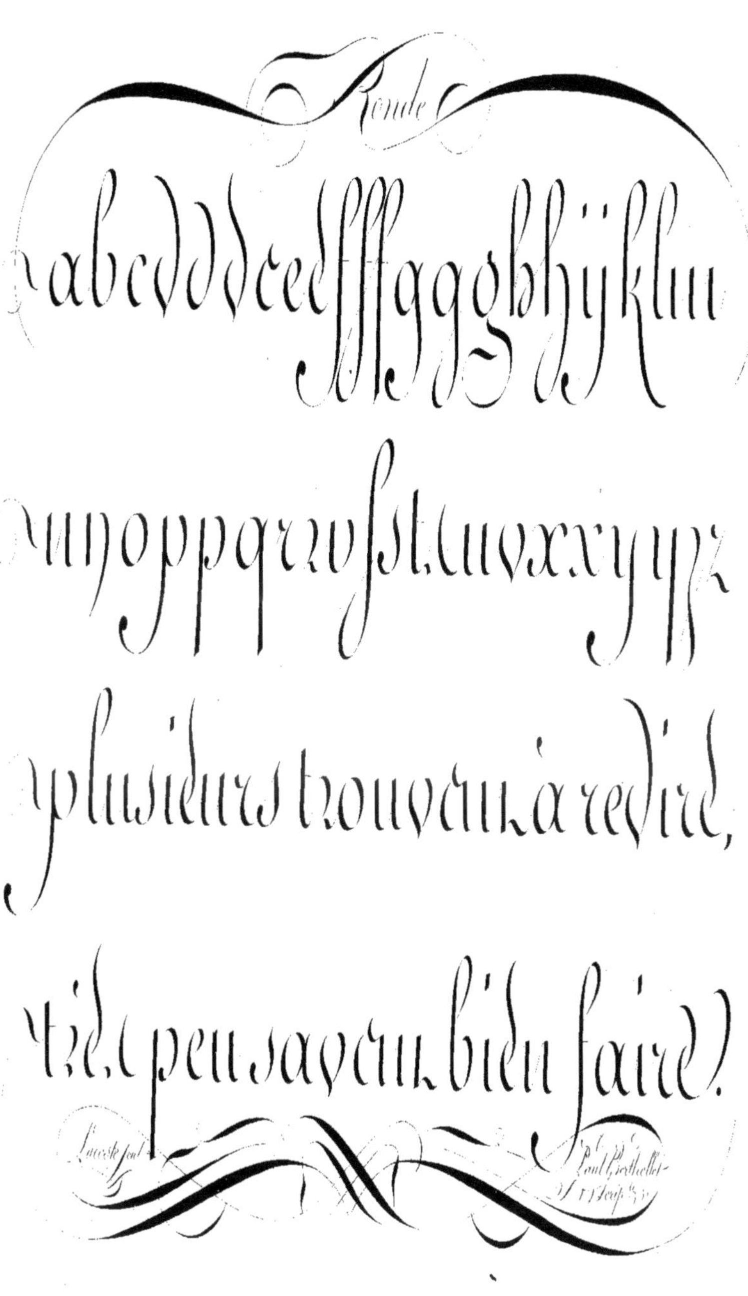
Ronde
plusieurs trouvent à redire,
et peu savent bien faire.

Nous Reconnaissons

Trois défauts principaux dans

l'Écriture qui sont: Un vice de forme, un vice de situation,

ou de toucher, un vice de pente, ou de distance. Lorsqu'une lettre

est applatie dans ses courbes, pointue à sa base ou à sa

sommité, trop étendue dans quelques unes de ses parties, ou

trop resserrée dans les autres, elle pèche contre la forme exacte.

11223334455566777788899 &c.

1122333445556677789900 &c.

Appellez vous heureux celui qui fonde son bon=
heur sur les enfans sur les amis sur les choses
fragiles et périssables ? En un moment toute
la félicité peut s'évanouir. Ne connoissez d'autres
appui que vous même & la divinité. Adieu Chez

Lacoste Sculp.

Blois Administrateur

Général des Droits de Moscouw a

Commencé Lundi Quinzième Novemb.

a faire les poursuites pour Obtenir le

payement de M.r Riberac Controlleur

L. Berthollet Jacone

En Général, l'Orgueil

a plus de part que la bonté aux remontra-
-nces que nous faisons à ceux qui commet-
-tent des fautes; et nous ne les reprenons pas-
-tant pour les en corriger, que pour leur
persuader que nous en sommes exempts.

Paul Berthellot

La Promptitude a croire

le Mal sans l'avoir assez examiné est un effet de l'Orgueil et de la Paresse. On veut trouver des défauts dans les autres, et l'on ne veut pas se donner la peine d'examiner les siens.

La jalousie

est en quelque manière juste et raisonnable, puisqu'elle ne tend qu'à conserver un bien qui nous appartient, ou que nous croyons nous appartenir ; au lieu que l'envie est une fureur qui ne peut souffrir le bien des autres.

Ce qui fait voir que les hommes

connoissent mieux leurs fautes qu'on ne pense c'est qu'ils n'ont jamais tort quand on les entend parler de leur conduite : le même amour propre qui les aveugle d'ordinaire les éclaire alors, et leur donne des vues si justes, qu'il leur fait déguiser les moindres choses qui peuvent être condamnées.

Capitales de la Ronde

A B C D E F

G H I J K L M

N O P Q R S

T U V X Y Z

Paul Berthollet

Lacoste f.

www.ingramcontent.com/pod-product-compliance
Ingram Content Group UK Ltd.
Pitfield, Milton Keynes, MK11 3LW, UK
UKHW022110170726
13837UKWH00003B/1145